COOKING FOR KIDS

KOCHREZEPTE AUS DER JUGENDHILFE

Zusammengestellt von Hauswirtschafterinnen der meracon gGmbH

proferoverlag

Bibliografische Information der Deutschen Bibliothek

Die Deutsche Bibliothek verzeichnet diese Publikation in der Deutschen Nationalbibliothek. Detaillierte bibliografische Daten sind im Internet über http://dnb.ddb.de abrufbar.

ISBN 978-3-947399-03-1

Umschlaggestaltung: Jörg Spanjer (profero medien agentur & verlag)
Coverfoto: Sara Kazemi Forouz
Satz & Layout: Jörg Spanjer
Druck: Druckerei Sollermann, Leer

Inhaltsverzeichnis

Inhaltsverzeichnis

HAUPTGERICHTE (Fortsetzung)

DESSERTS 77

Inhaltsverzeichnis

Ein Wort vorab

Während meiner nunmehr über dreißigjährigen Tätigkeit in der Jugendhilfe habe ich zunehmend die Tätigkeit und Funktion unserer Hauswirtschafterinnen in den verschiedenen Gruppen schätzen gelernt. Zum einen ist es natürlich das gute Essen und die aufgeräumte und saubere Umgebung, die in den Häusern maßgeblich zu einer guten Atmosphäre und dem Wohlbefinden der Kinder und Jugendlichen beiträgt.

Zum anderen darf aber nicht außer Acht gelassen werden, dass die Hauswirtschafterin auch eine wichtige Bezugsperson für die Kinder und Jugendlichen darstellt. Sie ist jeden Tag im Haus, während die Pädagogen durch den Schichtdienst nicht immer als Ansprechpartner zur Verfügung stehen. Sie versüßt den Kindern und Jugendlichen ihren Geburtstag, indem sie deren Lieblingsessen kocht und die Feier ausstattet, sorgt für die Ausgestaltung anderer Feste und spendet auch mal Trost, wenn ein Kind traurig ist. Sie ist aufgrund ihrer anderen Funktion auch eine besondere Vertrauensperson, die die Gruppe, die einzelnen Kinder und Jugendlichen und das Geschehen im Haus aus einem anderen Blickwinkel erlebt und beschreibt. Aus diesem Grund werden sie auch partiell in Mitarbeiterbesprechungen und Supervision eingebunden und an pädagogischen Grundlagenseminaren beteiligt.

In der Außenwirkung kommt all dies meist nicht zum Tragen, da hier in der Regel die fachlichen pädagogischen Themen, beispielsweise in der Internetpräsentation, den Flyern und Broschüren oder der ifigenie, der Zeitschrift der IFI Stiftung, bearbeitet und beschrieben werden.

Zum zehnjährigen Bestehen der meracon gGmbH ist es uns ein Anliegen, unsere Hauswirtschafterinnen als „gute Geister" der Wohngruppen mit ihren Fachkompetenzen einmal in den Vordergrund zu stellen. Das vorliegende Kochbuch soll als Dankeschön und als Anerkennung ihrer großartigen Arbeit und ihres Engagements angesehen werden.

Hermann Schülke
Geschäftsführer meracon Gesellschaft für Soziale Arbeit mbH
Juli 2018

12 SALATE

SALATE

Vegetarisch 4-6

Nudelsalat mit getrockneten Tomaten und Rucola

Ein Rezept für **4 bis 6 Personen** von Marion Faustmann

Zutaten:

500 g Nudeln (am besten welche mit viel Oberfläche wie Gemelli oder Farfalle)
1 Glas getrocknete Tomaten in Öl eingelegt (nur die Tomaten, nicht das Öl!)
schwarze Oliven (Menge nach Wunsch)
Paprika (Menge nach Wunsch)
Kidneybohnen (Menge nach Wunsch)
Rucola (Menge nach Wunsch)
Walnusskerne (Menge nach Wunsch)
Salz, Pfeffer
3 EL Ahornsirup (Grad A)
2 EL Aceto Balsamico
3 EL Zitronensaft
8 EL Olivenöl

1. Die Nudeln in Salzwasser bissfest garen, abgießen und mit kaltem Wasser abschrecken. In eine Schüssel geben.

2. Die getrockneten Tomaten in Streifen, dann in Würfel schneiden. Die Paprika in Würfel schneiden. Oliven und Walnüsse grob hacken. Alles zusammen mit den Kidneybohnen zu den Nudeln geben und vermengen.

3. Aus Ahornsirup, Balsamico, Zitronensaft und Olivenöl mit Salz und Pfeffer eine Marinade anrühren, über den Salat geben und nochmals gut vermengen. Den Salat eine halbe Stunde ziehen lassen.

4. Kurz vor dem Servieren den geputzten und grob zerrupften Rucola zu den Nudeln geben, und unterheben.

Fleisch 4

Bayer. Kartoffelsalat

Ein Rezept für **4 Personen** von Astrid Herse

Zutaten: 1 kg Kartoffeln, 1 Zwiebel, 150 g Speckwürfel, Essig, Öl, Salz, Pfeffer, Wasser, Gartenkräuter

Zubereitung: 1. Kartoffeln kochen, pellen und in Scheiben schneiden, Zwiebeln würfeln. **2.** Essig, Speckwürfel braten; Kartoffeln mit Öl, Salz, Pfeffer, Wasser, dem gebratenen Speck sowie Gartenkräutern vermengen.

Fleisch 4

Reissalat

Ein Rezept für **4 Personen** von Christina Wiese

Zutaten: 125 g Reis, 125 g gekochter Schinken, 1 Dose Mandarinen, 2 rote Paprika, Öl; Für die Marinade: 1 Zwiebel, 125 g Mayonnaise, 1 TL Senf, 1 Schuss Sahne Salz und Pfeffer

Zubereitung: 1. Den Reis in einem EL Öl in der Pfanne anrösten. ¼ l Wasser zugießen. 1 TL Salz dazu und dann 20 Minuten quellen lassen. **2.** Alle Zutaten für die Marinade vermischen. **3.** Gekochten Schinken, Paprika und Mandarinen klein schneiden und zum fertigen Reis geben. **4.** Die Marinade über den Salat geben und gut vermischen.

Vegetarisch 4

Türkischer Möhrensalat

Ein Rezept für **4 Personen** von Marion Faustmann

Zutaten: 500 g Möhren, 500 g Joghurt, 1 Knoblauchzehe, Salz, Pfeffer, Kreuzkümmel, 1 EL Öl für die Pfanne

Zubereitung: 1. Möhren putzen, raspeln und würzen. **1.** Die Möhren in einer Pfanne mit Öl anbraten. **3.** Den Joghurt mit Salz, Pfeffer und Knoblauch würzen. **1.** Die Möhren in eine Auflaufform geben und den gewürzten Joghurt darauf verteilen.

Vegetarisch 6

Chinesischer Nudelsalat

Ein Rezept für **6 Personen** von Regina Krauledat

Zutaten: Für den Salat: 500 g Spaghetti, 2 Stangen Porree, 3 Paprikaschoten; Für die Salatsoße: 6 EL Sojasauce, 6 EL Öl, 6 EL Zitronensaft, 4 EL Chinagewürz, 4 EL Zucker, 2 TL Salz

Zubereitung: 1. Spaghetti vor dem Kochen auf die gewünschte Länge brechen. **2.** Porree und Paprika in Ringe und Würfel schneiden. **3.** Die Soßenzutaten mischen, Spaghetti, Porree und Paprika dazugeben und gut vermischen. **Tipp:**

Den Salat am besten einen Tag vor dem Verzehr zubereiten.

Vegetarisch

Lauwarmer Ofengemüsesalat mit Joghurt-Zitronen-Dressing

Ein Rezept von Astrid Herse

Zutaten

Für den Salat:

Kleine Kartoffeln
Paprikaschote, rot und gelb
Karotten
Zucchini
Rosmarin
Salz
Pfeffer

Für das Dressing:

500 g Joghurt 3,5 %
2 EL Olivenöl
Zitronensaft
Salz
Pfeffer
etwas Zucker

1. Geschnittenes Gemüse würzen und mit Olivenöl vermengen. Auf ein Backblech geben und bei 220 Grad / 30 – 40 Minuten (Unter- und Oberhitze) garen.

2. Zutaten für das Dressing miteinander vermischen und mit dem Gemüse vermengen.

Bunter Käsesalat

Ein Rezept für **4 Personen** von Sabine Schreiber

Zutaten

100 g Bohnen (grün)
200 g Emmentaler Käse
2 Gewürzgurken
2 Zwiebeln
3 hart gekochte Eier
1 rote Paprikaschote
1 Becher Joghurt
3 EL Mayonnaise
3 EL Kondensmilch
2 TL Senf
Essig
Zucker
Weißer Pfeffer

1 Bohnen ca. 15 – 20 Minuten gar kochen. In der Zwischenzeit Käse, Gurken, Zwiebeln, Eier und Paprika klein schneiden.

2 Wenn die Bohnen gar sind, alles mit den anderen Zutaten mischen.

3 Für die Marinade Mayonnaise, Milch und Senf mischen, mit Essig und Zucker abschmecken. Danach alles unter die anderen Zutaten heben.

Exotischer Salat

Ein Rezept für **4 Personen** von Christina Wiese

Zutaten

Für den Salat:

1 kleiner Chinakohl
1 Banane
2 Scheiben Ananas
1 Dose Mandarinen

Für die Marinade:

2 EL Mayonnaise
2 EL Sahne
Curry
Zitronensaft, Mango Chutney, Worcestersauce

Zubereitung

1. Alle Zutaten für den Salat klein schneiden und vermengen.

2. Alle Zutaten für die Marinade verrühren, abschmecken und vorsichtig mit dem Salat vermengen.

Thunfisch-Tomaten-Salat

Ein Rezept von Irene Bohlen

Zutaten

4 große Tomaten
1 große Zwiebel
1 Dose Thunfisch (abgießen)
3 EL Mayonnaise

Zubereitung

Tomaten in große Würfel, Zwiebel in kleine Würfeln schneiden und mit dem Thunfisch und 3 EL Mayonnaise verrühren.

DIPS

Aioli

Ein Rezept von Sabine Schreiber

Zutaten: 100 ml Milch, 200 ml Sonnenblumenöl, 2 Knoblauchzehen, Salz und Pfeffer

Zubereitung: 1. Alle Zutaten in ein hohes Gefäß geben. 2. Mit einem Stabmixer von unten nach oben ziehen und dabei erst den Stabmixer einschalten. Nicht beim Eintauchen, sonst verbindet sich das Öl mit der Milch nicht!

Avocadocreme

Ein Rezept von Astrid Herse

Zutaten: 1 Avocado, 2 Tomaten, 2 Knoblauchzehen, 2 EL Olivenöl, 2 EL Limonensaft, Salz, Pfeffer (frisch gemahlen)

Zubereitung: 1. Avocado mit einer Gabel zu feinem Mus zerdrücken. 2. Tomaten in kleine Würfel schneiden. 3. Knoblauch schälen, grob zerstückeln und auf einem Brett mit etwas Salz fein zerdrücken. 4. Tomaten und Knoblauch zur Avocadomus geben, Olivenöl und Limonensaft dazugeben und mit Salz und Pfeffer würzen.

Dazu leicht geröstetes Baguette oder Ciabatta reichen. Passt auch als Beilage zu Gegrilltem oder als Vorspeise.

Ayvar Dip

Ein Rezept von Marion Faustmann

Zutaten: **200 g Frischkäse, 100 g Fetakäse, 50 g Ayvar, 1 Knoblauchzehe, Salz, Pfeffer, italienische Kräuter**

Zubereitung: **1.** Alle Zutaten bis auf den Knoblauch in eine Schüssel geben. **2.** Die Knoblauchzehe mit der Presse zerkleinern und auch dazugeben. **3.** Alles mit dem Handmixer ca. 3 Minuten verrühren. **4.** Den Dip bis zum Verzehr in den Kühlschrank stellen.

Cocktailsauce

Ein Rezept von Sabine Schreiber

Zutaten: **½ Glas Mayonnaise, Ketchup nach Geschmack, 3 EL Meerrettich, 3 EL Senf, Salz, Paprika, Zucker**

Zubereitung: Alle Zutaten mischen und mit Zucker, Paprika und Salz abschmecken.

Alle Zutatenmengen für die Cocktailsauce können nach eigenem Geschmack verändert werden.

„Gute Geister" mit Spaß bei der Arbeit und coolen Rezepten: die Hauswirtschafterinnen Regina Krauledat (von links), Astrid Herse und Irene Bohlen.

Kräuter-Knoblauch-Dip

Ein Rezept von Irene Bohlen

Zutaten: **500 g Magerquark, 1 Becker Schmand, 1 Pck. „8 frische Tiefkühl-Kräuter", 4 Knoblauchzehen, ½ geriebene Zwiebel, 1 TL Salz, Pfeffer**

Zubereitung: Alle Zutaten verrühren. Zum Dippen Gurken, Paprika, Möhren etc. in Streifen schneiden.

Pesto

Ein Rezept von Astrid Herse

Zutaten: **60 g Pinienkerne, 50 g alter Parmesan, 50 g Pecorino, 4 Knoblauchzehen, 4 Bund Basilikum, 150 ml Olivenöl, Rum zum Auffüllen**

Zubereitung: 1. Pinienkerne bei 160 Grad auf der zweiten Schiene von unten 10-12 Minuten goldbraun rösten. Abkühlen lassen. 2. Beide Käse reiben, Knoblauch hacken. **3.** Basilikumblättchen mit zarten Stielen abzupfen, vorsichtig waschen und trocken tupfen. 4. Käse, Knoblauch, Basilikum und Pinienkerne ganz fein zerkleinern. 5. Olivenöl/Rum unterrühren und in wiederverschließbare Gläser füllen. Bis zum Rand mit Öl auffüllen und gut verschließen. **Geöffnete Gläser rasch verbrauchen.**

SUPPEN & SAUCEN

Vegetarisch

2-6

Brodelnde Hexensuppe

Ein Rezept für **2 bis 6 Personen** von Marion Faustmann

Zutaten

2 Zwiebeln
1 Knoblauchzehe
30 g Butter
1 kg Kürbisfleisch
1 l Gemüsebrühe
1 Chili-Schote
250 g Sahne
Salz, Pfeffer
200 g Creme fraîche
6 Oliven mit Paprikafüllung
Zimt
50 g Ingwer

1 Zwiebeln und Knoblauch klein schneiden und in Butter anschwitzen. Kürbis würfeln und dazugeben. Mit Brühe aufgießen und die ganze Chili-Schote hinzufügen.

2 Ingwer schälen und raspeln. Die Hälfte davon in den Topf geben. Alles bei schwacher Hitze 30 bis 40 Minuten köcheln lassen.

3 Wenn der Kürbis weich ist, die Chili-Schote entfernen und die Suppe mit dem Pürierstab pürieren. Sahne dazu geben und mit den Gewürzen und dem restlichen Ingwer abschmecken.

Auf die Suppe einen Klecks Creme fraîche. Eine Olive teilen und als „Augen" zum Verzieren nehmen.

Fleisch

Käse-Lauch-Suppe

Ein Rezept von Sabine Schreiber

Zutaten: **1000 g Hackfleisch, 1000 g Porree, 2-3 Zwiebeln, 1 Knoblauchzehe, 3 Liter Brühe, 400 g Schmelzkäse (Sahne), 400 g Kräuterschmelzkäse, Salz, Pfeffer, Oregano**

Zubereitung: **1.** Gehacktes anbraten, Zwiebeln, Knoblauch und Porree klein schneiden und dazugeben. **2.** Die Brühe 20 Minuten köcheln. **3.** Schmelzkäse und Gewürze nach Geschmack dazu geben.

Fleisch

4

Tomaten-Hackfleisch-Suppe

Ein Rezept für **4 Personen** von Christina Wiese

Zutaten: **1 Zwiebel, 1 rote und 1 gelbe Paprika, 2 Knoblauchzehen, 300 g Hack, 400 g Dosentomaten gehackt, 75 ml Wasser, 80 ml Milch, 150 g Schmelzkäse, etwas gekörnte Brühe, Salz, Pfeffer, Paprikapulver**

Zubereitung: **1.** Zwiebel fein hacken. Paprika würfeln, Knoblauch durch die Presse drücken. **2.** Margarine in einem Topf erhitzen, Hackfleisch dazugeben und etwa 5 Minuten dünsten. **3.** Tomaten und das Wasser angießen. Alles im Topf 15 Minuten köcheln lassen.
4. Die Milch und den Schmelzkäse unterrühren. Mit Brühe, Salz, Pfeffer und Paprikapulver würzen.

Für Vegetarier kann das Hackfleisch durch Zucchini ersetzt werden.

Hühnersuppe

Ein Rezept für **4 Personen** von Sabine Schreiber

Zutaten

1 Suppenhuhn, 1 Bund Suppengrün, etwas Hühnerbrühe (Instant), Salz

Für den Eierstich: **325 ml Milch (eine große Tasse), 6 Eier, 1 TL Muskat, 1 Prise Salz, 1 Prise Pfeffer, etwas Petersilie (kleingeschnitten)**

Wer keinen Eierstich mag, lässt ihn einfach weg. Schmeckt auch ohne super.

Zubereitung

1. Das Suppenhuhn waschen und in Wasser gar kochen. Suppengrün waschen und klein schneiden. Zum Suppenhuhn geben.

2. Wenn das Huhn gar ist, aus dem Topf nehmen und das Fleisch vom Knochen trennen. Das Fleisch wieder in den Topf geben. Mit Hühnerbrühe und etwas Salz abschmecken. Kleine Nudeln oder Reis dazugeben und gar werden lassen.

3. Alle Zutaten für den Eierstich verquirlen und die Masse in einen Gefrierbeutel geben. Ca. 25 Minuten in kochendes Wasser hängen. Danach in kleine Stücke schneiden und in die fertige Hühnersuppe geben.

Kuzu güvec - Lammeintopf

Ein Rezept für **4 Personen** von Havva Kurnaz

Zutaten

1 kg Lammfleisch (Lammkeule)
5-7 Schalotten
3-4 Knoblauchzehen
3-4 Fleischtomaten
250 ml Wasser
2 EL Paprikamark
5-6 milde Peperoni
2 Lorbeerblätter
1 EL Thymian (getrocknet)
2-3 Zweige Thymian (frisch)
1 EL Chiliflocken (pul biber)
Salz und Pfeffer

1 Das Fleisch vom Knochen lösen und in gulaschgroße Stücke würfeln. Die Schalotten je nach Größe halbieren und die Knoblauchzehen im Ganzen lassen. Die Peperoni entkernen und in grobe Stücke schneiden. Die Tomaten schälen und würfeln.

2 Das Fleisch mit den Gewürzen und den restlichen Zutaten, außer den Tomaten, gut miteinander vermengen und in den Tontopf geben.

3 Die gewürfelten Tomaten auf dem Fleisch verteilen und mit 250 ml Wasser aufgießen. Den Tontopf oder die Auflaufform gut verschließen und zusätzlich mit Alufolie ummanteln.

4 Im vorgeheizten Backofen bei 220 Grad (Umluft) ca. 1,5 Std garen lassen, bis das Fleisch zart ist.

Je nachdem, wie der Fettgehalt des Fleisches ist, kann Butter hinzugegeben werden.

Yaila Corbasi – Almsuppe

Ein Rezept für **4 Personen** von Havva Kurnaz

Zutaten: 3 Hähnchenschenkel, 50 g Reis, 2 Eigelbe, 2 EL Weizenmehl, 120 ml Milch, 250 g Joghurt, 2 gehäufte EL Pfefferminzblätter oder 1 EL getrocknete Pfefferminze

Zubereitung: 1. Die Hähnchenschenkel in einem Topf kochen und sie danach entnehmen. **2.** In die Brühe den gewaschenen Reis hinzugeben und kochen lassen. **3.** In einer Schale Joghurt, Milch, 2 Eigelb und Mehl gut verquirlen und nach und nach die Brühe hinzugeben. **4.** Nach 8-10 Minuten Kochzeit von der Kochstelle nehmen und das abgelöste Fleisch der Hähnchenschenkel dazugeben. **5.** Die getrocknete Pfefferminze beimengen oder mit der frischen Minze servieren.

Tomatensuppe

Ein Rezept für **4 Personen** von Marion Faustmann

Zutaten: 3 EL Pflanzenöl, 1 Zwiebel, 4 EL Mehl, 300 g geschälte Tomaten (Dose), 50 g Tomatenmark, 1 Liter Gemüsebrühe, Salz, Basilikum, Pfeffer weiß, Knoblauch, Kerbel

Zubereitung: 1. Zwiebeln würfeln und andünsten. Tomatenmark hinzufügen und mit Mehl bestäuben. **2.** Die geschälten Tomaten dazugeben und mit Gemüsebrühe auffüllen, würzen. **3.** Ca. 30 Minuten kochen, anschließend pürieren und würzen.

Fleisch 4

Zwiebel-Mettbällchen-Suppe

Ein Rezept für **4 Personen** von Regina Krauledat

Zutaten: 2 Zwiebeln, 500 g Porree, 400 g Schweinemett, 100 g Schlagsahne, 100 g Kräuterfrischkäse, 2 EL Öl, Salz, Pfeffer, 3 EL Mehl, 1 l Gemüsebrühe

Zubereitung: 1. Zwiebeln würfeln, Porree in Ringe schneiden. **2.** Aus dem Mett Bällchen formen und in heißem Öl braten. Die Bällchen herausnehmen und warm stellen. **3.** Porree und Zwiebeln im Bratfett ca. 10 Minuten dünsten. Mit Salz und Pfeffer würzen. Mit Mehl bestäuben, anschwitzen. **4.** Nach und nach mit Brühe und Sahne ablöschen. **5.** Frischkäse unterrühren und ca. 10 Minuten köcheln lassen. **6.** 5 Minuten vor Garzeitende die Mettbällchen hinzufügen.

Fleisch 4

Hackfleischsauce

Ein Rezept für **4 Personen** von Marion Faustmann

Zutaten: 500 g Gehacktes, 1 Zwiebel, 2 Pck. passierte Tomaten, 1 Knoblauchzehe, Salz, Pfeffer, Chili, Paprika, Oregano, Zucker, 1 EL Tomatenmark

Zubereitung: 1. Die Zwiebel und die Knoblauchzehe klein schneiden und anbraten. **2.** Das Hackfleisch dazu und mitbraten. Tomatenmark und die Gewürze dazugeben. **3.** Wenn alles gut angebraten ist, die passierten Tomaten dazugeben. Dann noch den EL Zucker dazugeben. **4.** Alles auf kleiner Flamme ca. 15 Minuten köcheln lassen.

Ideal für Nudeln oder Lasagne.

Fleisch

4

Süßkartoffelcurry mit Aubergine und Ingwer

Ein Rezept für **4 Personen** von Astrid Herse

Zutaten

800 g Süßkartoffeln
3 Möhren
2 Zwiebeln
1 Knoblauchzehe
1 Stck. Ingwer
4 EL Öl
1 Banane
Currypulver
Salz
Pfeffer
Zucker
1 Dose Kokosmilch (ungesüßt)
2 TL Gemüsebrühe
1 Aubergine
3 EL Kokoschips
2-3 EL Limettensaft

1 Süßkartoffeln und Möhren schälen, waschen und in Würfel bzw. Scheiben schneiden. Zwiebeln, Knoblauch und Ingwer schälen und fein hacken.

2 2 EL Öl in einem großen Topf erhitzen. Zwiebeln, Knoblauch, Ingwer darin kurz andünsten, ca. ¼ Süßkartoffelwürfel dazu geben und kurz mitbraten. Bananen schälen, klein schneiden und ebenfalls dazu geben. Mit 1 – 2 TL Curry bestäuben, mit Kokosmilch und 600 ml Wasser ablöschen und aufkochen. Brühe einrühren und unter Rühren ca. 10 min köcheln.

3 Curry mit dem Stabmixer fein pürieren, Möhren und restliche Süßkartoffeln dazu geben und nochmals bei 10 – 12 Minuten bei mittlerer Hitze garen.

4 Inzwischen Aubergine putzen, waschen und in Würfel schneiden. Kokochips in einer Pfanne ohne Fett goldbraun rösten, dann herausnehmen. Rest Öl in der Pfanne erhitzen, Aubergine darin 3 – 5 Minuten rundherum kräftig anbraten. Mit Salz und Pfeffer, Limettensaft und Zucker abschmecken und Kokoschips nach Belieben bestreuen.

HAUPTGERICHTE

Hähnchen in Zwiebel-Sahne-Sauce mit selbstgemachten Spätzle

Ein Rezept für **4 Personen** von Sabine Schreiber

Zutaten

4 Hähnchen- oder Putenschnitzel

für die Zwiebel-Sahne-Sauce:

4 Zwiebeln
2 Becher Sahne
2 TL Mehl
2 EL Butter
1 TL Zucker
n. Bel. Salz und Pfeffer
Muskat

für die Spätzle:

500 g
Mehl
20 g Salz
8 Eier
100 ml Milch oder Wasser

1 **Spätzleteig nach Rezept vorbereiten und ruhen lassen:**
Gesiebtes Mehl und alle Zutaten zu einem sehr glatten Teig schlagen, bis er Blasen wirft. Den Teig in kochendes Salzwasser geben, entweder mit dem Spätzlehobel oder mit Spätzlemaschine, Spätzlepresse oder vom Brett schaben. Die fertigen Spätzle auf ein Sieb schütteln und abtropfen lassen. Eventuell die Spätzle in Butter anschwenken, mit Salz und Muskat abschmecken.

2 **Zwiebel-Sahne-Sauce nach Rezept zubereiten:**
Zwiebeln schälen, halbieren und in Ringe schneiden. Anschließend in Butter goldbraun anbraten. Zucker zugeben und karamellisieren lassen. Danach das Mehl zugeben, kurz anschwitzen lassen und mit der Sahne ablöschen. Mit Salz, Pfeffer und Muskat abschmecken. Wenn die Sauce zu sehr einkocht, kann man diese einfach mit etwas Wasser wieder verdünnen.

3 **Hähnchen- oder Putenschnitzel in eine Auflaufform legen und mit der Zwiebel-Sahne-Sauce übergießen.**
Das Ganze für ca. 20 Minuten bei 200 Grad im Backofen backen.

4 **In der Zeit die Spätzle zubereiten.**

Fleisch 4

Gebratenes Fischfilet mit Kartoffelbrei und Gurkensalat

Ein Rezept **für 4 Personen** von Marion Faustmann

Zutaten

für den Fisch:

4 Stck. Fischfilet je etwa 200 g Rotbarsch, Kabeljau oder Seelachs
Zitronensaft oder Essig
Salz, Pfeffer
Mehl
1 Ei
Paniermehl
Fett zum Braten

für den Kartoffelbrei:

1 kg Kartoffeln
1/8 bis ¼ l Wasser
¼ l Milch
30 g Butter
1 TL Salz
1 Prise Muskat

für den Gurkensalat:

1 – 2 Gurken
3 EL Sahne
1 EL Essig
Salz, Pfeffer, Dill
100 ml Milch oder Wasser

1 Kartoffeln schälen, waschen und zerkleinern. Wasser angießen, ankochen, bis ein Dampffähnchen sichtbar wird. 10 – 15 Minuten fortkochen und 5 – 10 Minuten in der Nachwärme fertig garen.

2 In der Zwischenzeit das Fischfilet säubern, säuern und mit Salz und Pfeffer bestreuen. Nacheinander in Mehl, verquirltem Ei und Paniermehl wenden.

3 Fett erhitzen, panierte Fischfilets einlegen, 5 Minuten von jeder Seite braten.

4 Wenn die Kartoffeln gar sind, abgießen und das Kartoffelwasser aufheben. Kartoffeln zerstampfen, durchpressen oder pürieren.

5 Milch ankochen, nach und nach mit Kartoffelwasser unter Rühren an die Kartoffeln gießen. Butter und Salz zugeben, den Kartoffelbrei schaumig rühren und abschmecken.

6 Die Gurken schälen und in Scheiben schneiden. Diese in ein Sieb geben und etwas Salz darüber streuen. Nach ca. 15 Minuten das Dressing aus Sahne, Essig, Pfeffer, Salz und Dill in einer Schüssel mit den Gurkenscheiben vermischen.

Vegetarisch | 4

Birnen-Pfannkuchen mit Joghurtsauce

Ein Rezept für **4 Personen** von Marion Faustmann

Zutaten: 220 g Mehl, 375 ml fettarme Milch, 2 Eier einige Tropfen flüssiger Süßstoff, 300 g Magermilchjoghurt, 1 TL gem. Zimt, 2 Birnen, Saft einer Zitrone

Zubereitung: 1. Mehl mit Milch, Eiern und Süßstoff verrühren und etwas quellen lassen. **2.** Joghurt mit Zimt und Süßstoff abschmecken. **3.** Birnen in Spalten schneide, mit Zitronensaft beträufeln und unter den Teig geben. **4.** In einer beschichteten Pfanne nacheinander 4 Birnen-Pfannkuchen goldgelb backen und mit Zimt-Joghurt servieren.

Vegetarisch | 4

Gefüllte Pfannkuchen mit Spinat

Ein Rezept für **4 Personen** von Christina Wiese

Zutaten: Für die Pfannkuchen: 200 g Mehl, 1/8 l Milch, 2 Eier, etwas Salz. Für die Füllung: 2 Pck. Tiefkühl-Rahmspinat, 2 Pck. Schmelzkäse

Zubereitung: 1. Die Zutaten für die Pfannkuchen glatt rühren. Margarine in der Pfanne erhitzen und nacheinander 6 dünne Pfannkuchen backen. **2.** Den Spinat in einem Topf auftauen und den Schmelzkäse einrühren. **3.** Die Pfannkuchen mit dem Spinat füllen und in eine Auflaufform legen. Mit dem restlichen Spinat bedecken und mit etwas geriebenem Käse bestreuen. **4.** Im vorgeheizten Backofen ca. 25 Minuten überbacken.

Vegetarisch

4

Kürbis-Kartoffel-Curry

Ein Rezept von Christina Wiese

Zutaten: 750 g Kürbis-Hokaido (ungeschält), 750 g Kartoffeln, 150 g rote Linsen, 1 Zwiebel, 6 TL Currypaste (wer es nicht so scharf mag, lieber weniger), 1 Dose Kokosmilch, Ingwer, 300 ml Gemüsebrühe, Öl

Zubereitung: 1. Kürbis in Würfel schneiden. **2.** Kartoffeln schälen und klein schneiden. **3.** Zwiebeln, Ingwer, Kartoffeln und Kürbis in Öl anbraten, mit Kokosmilch und Brühe ablöschen. **4.** Currypaste dazugeben, verrühren. 10 Min. leicht köcheln lassen. **5.** Rote Linsen dazugeben und noch einmal 10 – 15 Min. kochen, bis die Linsen weich sind.

Bei Bedarf etwas Wasser in den Topf geben.

Vegetarisch

4

Kürbis-Puffer mit Feta

Ein Rezept für **4 Personen** von Regina Krauledat

Zutaten: 1 kg Kürbisfleisch, 4 EL Mehl, 250 g Fetakäse 3 Eier, ½ Bund Dill, Salz, Pfeffer, Öl

Zubereitung: 1. Den Kürbis, wenn nötig, schälen und entkernen, fein raspeln, etwas salzen und in einer Schüssel ca. 20 Minuten ziehen lassen. Die Raspeln danach gut ausdrücken. **2.** Käse grob reiben. Mehl, Käse, verquirlte Eier und gehackten Dill zu den Kürbisraspeln geben und alles vermengen. Die Masse sollte zwar feucht, aber formbar sein, sonst mit Mehl nachbinden. **3.** Öl in einer Pfanne erhitzen. Stücke vom Teig abstechen, in der Pfanne flach drücken und von beiden Seiten zu Puffern braten.

Mit Salat servieren.

Frikadellen mit Schafskäse, Zaziki und rotem Reis

Ein Rezept für **4 - 6 Personen** von Marion Faustmann

Zutaten

Für die Frikadellen:
1 kg Rindergehacktes
Salz, Pfeffer, Knoblauch
Schafskäse (Feta)
1 – 2 Eier
Paniermehl

Für das Zaziki:
500 g Joghurt
½ Salatgurke (fein geraspelt)
Salz, Pfeffer
1 – 2 Knoblauchzehen

Für roten Reis:
1 Zwiebel
1 Glas losen Reis
2 Gläser Brühe
Tomatenmark

1 Gehacktes würzen, 1 - 2 Eier, Schafskäse und Paniermehl verrühren. Kleine Bällchen formen und in Öl braten.

2 Für den Reis eine Zwiebel klein schneiden und anbraten. Tomatenmark einrühren. 1 Glas Reis dazugeben und kurz mitbraten. Mit zwei Gläsern Brühe ablöschen und den Reis garziehen lassen.

3 Für das Zaziki den Knoblauch fein hacken und mit den anderen Zutaten mischen.

Fisch

4-6

Lachs-Lasagne

Ein Rezept **für 4 bis 6 Personen** von Marion Faustmann

Zutaten

2 – 3 Pck. Rahmspinat
600 g Lachs
2 Zwiebeln
200 g Sahne
Salz
Pfeffer
Zitrone,
Muskat
Lasagne-Platten
Geriebener Käse

Zubereitung

1 Lachs in Würfel schneiden und würzen. Zwiebeln klein schneiden und in der Pfanne glasig werden lassen. Lachs dazugeben und kurz anbraten. Zum Schluss die Sahne dazugeben und eindicken lassen.

2 Zwischenzeitlich den Spinat mit Muskat würzen und erwärmen bzw. auftauen.

3 Eine Auflaufform einfetten. Eine Schicht Lasagne-Platten hineinlegen. Den Spinat darauf geben. Dann wieder Lasagne-Platten darauf. Nun die Lachsmasse darauf verteilen. Zum Schluss den Käse gleichmäßig verteilen.

4 Im vorgeheizten Backofen bei 200 Grad ca. eine halbe Stunde backen.

Curry-Geschnetzeltes

Ein Rezept **für 4 bis 6 Personen** von Marion Faustmann

Zutaten

500 g Hähnchenbrustfilet
Currypulver
Salz, Pfeffer
50 g Fett
50 g Mehl
1 l Flüssigkeit (Brühe, Wasser, Milch)
Geriebener Käse

Zubereitung

1 Hähnchenbrustfilet in kleine Stücke schneiden und würzen. Öl in der Pfanne heiß werden lassen und das Geschnetzelte darin anbraten.

2 Aus Fett, Mehl und 1 l Flüssigkeit eine Mehlschwitze in einem extra Topf anrühren und mit Currypulver und Salz und Pfeffer würzen.

3 Die Soße mit dem Geschnetzelten in eine Auflaufform geben und Käse darüber streuen.

4 Für 20 Minuten auf 185 Grad Ober- und Unterhitze in den Backofen.

Für Ungeübte ist das Ablöschen der Mehlschwitze mit kalter Flüssigkeit empfehlenswert, da sonst leicht Klümpchen entstehen. Vor dem Mehl Zwiebelwürfel im heißen Fett glasig andünsten.

Chili-Lasagne

Ein Rezept für **4 Personen** von Astrid Herse

Zutaten

1 rote Paprikaschote
1 Knoblauchzehe
2 Zwiebeln
2 EL Öl
700 g gemischtes Hackfleisch
Salz
2-3 TL Chiliflocken
1 Dose (850 ml) Tomaten
Gewürze: Paprika edelsüß, Paprika scharf, Kreuzkümmel,
Oregano, Salz, Chayenne-Pfeffer, schwarzer Pfeffer nach Geschmack
2-3 frische Jalapenos
1 Dose (212 ml) Gemüsemais
1 Dose (425 ml) Kidneybohnen
100 g Gouda (Stück)
1-2 EL Crème fraiche
1 Pck. (8 Stck; ca. 20 cm Durchmesser)
Tortillafladen
1 runde Auflaufform (ca. 20 cm Durchmesser; ca. 2 l Inhalt)

1. Paprika putzen, waschen und in kleine Würfel schneiden. Knoblauch und Zwiebeln schälen. Knoblauch fein hacken. Zwiebeln fein würfeln. Öl in einem großen Schmortopf erhitzen. Hack darin ca. 5 Minuten krümelig-braun braten. Kräftig mit Salz würzen.

2. Paprika, Knoblauch, Zwiebeln und Chiliflocken zum Hack geben. 1-2 Minuten mitbraten. Mit 300 ml Wasser ablöschen. Tomaten samt Saft zugießen. Tomaten mit dem Pfannenwender grob zerkleinern. Chili-con-Carne-Gewürz (Gewürze, s. Rezept!) unterrühren.

3. Alles aufkochen und unter Rühren ca. 15 Minuten köcheln. Mit Salz und Pfeffer abschmecken.

4. Jalapenos putzen, waschen und in sehr feine Ringe schneiden. (Vorsicht, hot! Da die Kerne noch dabei sind, wird es eine scharfe Angelegenheit).

5 Mais und Bohnen in ein Sieb geben, kalt abspülen und abtropfen lassen. Mais, Bohnen und Jalapenos unter das Chili rühren. Käse reiben und mit Crème fraiche in einer Schüssel verrühren.

6 Backofen vorheizen (E-Herd: 200 Grad/Umluft: 180 Grad/Gas: s. Hersteller). 2 Tortillafladen übereinander in die Auflaufform legen. Ca. ¼ der Hack-Bohnen-Masse darauf verteilen. Vorgang dreimal wiederholen. Käsecreme über die letzte Hack-Bohnen-Schicht verteilen. Chili-con-Carne-Lasagne im heißen Ofen 20-25 Minuten backen. Weltklasse!

Fleisch

5

Spanferkelbraten

Ein Rezept für **5 Personen** von Astrid Herse

Zutaten

2,5 Spanferkelkeule (ohne Knochen) oder Spanferkelrücken (vom Knochen gelöst, Knochen mitgeben lassen)
3 Zwiebeln
3 Möhren
2 EL Majoran getrocknet
3 EL Öl
200 ml Brühe
frischer Majoran

1 Zwiebeln und Möhren schälen. Alles in grobe Stücke schneiden, auf der Fettpfanne des Ofens verteilen. 3 TL Salz, 2 – 3 TL Pfeffer, Majoran und Öl verrühren. Fleisch waschen, trocken tupfen.

2 Schwarte der Keule rautenförmig in ca. 1 cm Abstand einschneiden.

3 Fleisch bis auf die Schwarte mit Würzöl einreiben. Fleisch dicht nebeneinander auf das Gemüse setzen.

4 Im heißen Ofen 175 Grad Umluft 1 Std. braten, mit 200 ml Brühe angießen. Bei gleicher Temperatur weitere 1 ¼ Stunden braten. Ofen auf 225 Grad hochschalten, weitere 20 – 30 Minuten braten.

5 Fleisch herausnehmen, kurz ruhen lassen und aufschneiden. Wer gern Soße mag, siebt den Bratenfond durch und lässt ihn etwas einkochen. Gut abschmecken. Alles anrichten und mit frischem Majoran garnieren.

Fleisch

4

Mit der Zubereitung dieses Gerichtes muss am Vortag begonnen werden.

Afghanisches Zwiebelfleisch auf Fladenbrot

Ein Rezept für **4 Personen** von Astrid Herse

Zutaten

1 kg Rindfleisch (Suppenfleisch) mager, ohne Knochen
5 Gemüsezwiebeln
1 TL Salz
1 TL Garam masala
1 TL Minze, getrocknet
1 TL Pfeffer, schwarz
1 TL Kurkuma
250 g Erbsen, gelb, halbe Früchte, oder eine Dose Kichererbsen
2 Knoblauchzehen
8 Fladenbrote, arabische
300 ml Wasser
Etwas Essig, nach Bedarf
Etwas Sonnenblumen- oder Rapsöl

1 Am Vortag eine Gemüsezwiebel in ganz feine Ringe schneiden, in ein Gefäß mit Deckel geben, mit Essig bedecken und in den Kühlschrank stellen.

2 Das Fleisch klein schneiden, sodass es etwa die Größe von Gulaschwürfeln hat. Die restlichen vier Zwiebeln in Scheiben schneiden, den Knoblauch fein hacken und die Gewürze in einer kleinen Schale miteinander vermischen. Wenn gelbe Erbsen verwendet werden, diese in Salzwasser kochen.

3 Das Fleisch zusammen mit dem Knoblauch in etwas Öl scharf anbraten, herausnehmen und beiseite stellen. Die Hälfte der Zwiebeln im gleichen Topf anschwitzen, bis sie glasig-braun werden. Evtl. etwas Öl nachgießen. Dann das Fleisch, die Gewürze und das Wasser hinzufügen und gut umrühren. Im Schnellkochtopf braucht das Fleisch ca. 20 Minuten, ohne Schnellkochtopf muss es nun ca. 1 ½ Stunden mit Deckel bei mittlerer Hitze schmoren. Nach Bedarf zwischendurch noch etwas Wasser dazugeben.

4 Wenn das Fleisch zart ist, kommen die restlichen Zwiebeln in den Topf. Verwendet man Kichererbsen, diese abtropfen lassen und auch dazugeben. Gelbe Erbsen kommen erst später beim Anrichten dazu. Das Gericht muss jetzt noch ca. 20 Minuten bei schwacher bis mittlerer Hitze offen schmoren, bis die zuletzt hineingegebenen Zwiebeln weich sind und die Konsistenz der Soße sämig ist. Abschmecken und wenn nötig nachsalzen.

5 Auf einen Teller jeweils ein Fladenbrot legen und das Zwiebelfleisch darauf verteilen. Die abgetropften, gelben Erbsen nach Geschmack darüber streuen und mit Ringen von der Essigzwiebel belegen. Dazu reicht man die übrigen Fladenbrote.

Dieses Gericht wird traditionell mit den Fingern und Fladenbrot gegessen. Man kann es aber natürlich auch mit Messer und Gabel essen. Das untere Fladenbrot wird zum Schluss aufgerollt und schmeckt raffiniert, da es mit Soße vollgesogen ist.

Fisch

4

Rosenkohl-Thunfisch-Auflauf

Ein Rezept für **4 Personen** von Irene Bohlen

Zutaten

500 g Rosenkohl, 1 Dose Thunfisch, 10 Partytomaten, 2 Zwiebeln, 1 Knoblauchzehe Reibekäse

Für die Soße:

150 ml Milch, 1 EL Sojasauce, Muskat, Zucker, Salz, Pfeffer, Brühe, Rote Pfeffersauce, Tomatenmark

Zubereitung

1. Den Rosenkohl kochen. Die Zwiebeln anbraten, den Thunfisch kurz dazugeben. Die Mischung in eine Auflaufform geben. Den Rosenkohl und die Tomaten darauf verteilen.

2. Für die Soße die Milch mit der Brühe verrühren, Reibekäse hineingeben. Die Pfeffersauce anrühren und mit dem Tomatenmark in die Milchmischung geben.

3. Mit Muskat, Salz und Pfeffer abschmecken. Danach die Soße über die Blumenkohl-Thunfisch Mischung geben.

4. Alles bei 170 Grad Umluft für ca. 30 Minuten in den Backofen.

Vegetarisch 4

Lässiges Linsenchili

Ein Rezept für **4 Personen** von Astrid Herse

Zutaten

2 rote Paprikaschoten, 2 Möhren, 3 Zwiebeln, 2 Knoblauchzehen, 1 Stck. frischer Ingwer (2 cm), 2 – 3 Chilischoten, 3 EL Öl, 3 EL Zucker, 150 g rote Linsen, 2 EL rote Currypaste, 1 Dose stückige Tomaten, 1 TL Gemüsebrühe, Salz, grober Pfeffer, 1 – 2 TL Kreuzkümmel, 1 Dose Kichererbsen, 1 Dose Kidneybohnen

Zubereitung

1. Paprika putzen und würfeln. Möhren würfeln. Zwiebel würfeln. Knoblauch hacken. Ingwer hacken. Eine Chili fein hacken und eine Chili ganz lassen.

2. Alles ca. 2 Minuten andünsten, den Zucker unterrühren und leicht karamellisieren lassen. Linsen dazu geben und nochmal 2 Minuten andünsten, dann die Currypaste einrühren. Mit 600 ml Wasser ablöschen. Tomaten und Brühe einrühren. Die Gewürze dazu geben und 15 – 20 Minuten köcheln lassen.

3. Kichererbsen und Kidneybohnen dazu geben. Danach abschmecken.

Vegetarisch 4

Rote-Linsen-Curry mit Kokosmilch

Ein Rezept für **4 Personen** von Marion Faustmann

Zutaten

400 g Kartoffeln
200 g Linsen, rot
1 EL Olivenöl
1 Bund Frühlingszwiebeln
3 EL Currypulver
2 TL Tomatenmark
400 ml Kokosmilch
250 ml Gemüsebrühe
Salz und Pfeffer

Zubereitung

1. Kartoffeln schälen, waschen und würfeln. Frühlingszwiebeln in Ringe schneiden und die Linsen waschen.

2. Die Frühlingszwiebeln in Olivenöl anschwitzen und die Kartoffeln dazugeben. Anschließend die Linsen dazugeben. Zum Schluss die Gemüsebrühe und die Kokosmilch dazugeben.

3. Das Ganze 25 bis 30 Minuten köcheln lassen. Vor dem Servieren mit den Gewürzen abschmecken.

Vegetarisch 4

Kaiserschmarrn mit Zwetschgenröster

Ein Rezept für **4 Personen** von Astrid Herse

Zutaten

Für den Teig:

30 g Rosinen
2-3 Tropfen Rumaroma
4 Eier getrennt
30 g Zucker
1 Pck. Vanillezucker
375 ml Milch
125 g Mehl
40 g Butter
Puderzucker, Salz

Für die Zwetschgenröster:

600 Zwetschgen (entsteint)
300 g Zucker
2 Gewürznelken
Zimtrinde
Zitronensaft

Zubereitung

1. Eigelb, Zucker, Salz und Vanillezucker in einer Schüssel schaumig rühren, bis die Masse hellgelb cremig wird. Milch und Mehl nach und nach unterrühren. Dann die Rosinen unterrühren. Eiweiß sehr steif schlagen und vorsichtig unterheben.

2. In einer Pfanne Butter erhitzen, Teig einfüllen und bei kleiner Hitze braten bis die Unterseite leicht gebräunt ist. Immer wieder wenden, bis alles leicht angebraten ist. Dabei gleich in Stücke zerpflücken.

3. Auf Tellern anrichten und mit Puderzucker bestreuen.

Hackbraten mit Kartoffelspalten und Bohnen

Ein Rezept für **4 Personen** von Irene Bohlen

Zutaten

600 g Hackfleisch halb+halb
1 rote Paprikaschote
1 Zwiebel
1 Knoblauchzehe
1 Ei
4 EL Paniermehl
10 EL Wasser
1 geh. TL Salz und Pfeffer
½ TL Oregano

1 Hackbraten

Paprikaschote, Zwiebel und Knoblauch sehr klein schneiden. Alles mischen und zu einer Bratform formen, Fetakäse in die Mitte bringen. Auf Backpapier-Backblech ca. 45 Minuten bei 160 Grad Umluft garen.

2 Kartoffelspalten

6 große Kartoffeln kochen und in Spalten schneiden. In einer Schüssel ½ Tasse Öl, ½ TL Salz u. Pfeffer, ½ TL Paprika mischen, Kartoffeln darin wenden. Auf Backpapier-Backblech ca. 20 Minuten bei 180 Grad übergrillen.

3 Bohnen

Grüne Bohnen in Salzwasser 20 Minuten kochen. Ca. 80 g Butter in der Pfanne erhitzen. Wenn die Butter richtig heiß ist, 4 EL Paniermehl aufschäumen, abgetropfte noch heiße Bohnen dazu und schwenken.

Fleisch

6-8

Für dieses Gericht nimmt man am besten ein Schaufelstück aus der Rinderschulter. Beim Metzger erfragen und gegebenenfalls vorbetellen.

Rinderschmorbraten mit Schmorsoße

Ein Rezept für **6 bis 8 Personen** von Astrid Herse

Zutaten

3 Zwiebeln
2 Möhren
1 Knolle Knoblauch (ganz)
300 g Knollensellerie
1 Tomate
1-2 Zweige Rosmarin
2 Stiele Thymian
2 kg Schaufelstück aus der Rinderschulter
Meersalz
Pfeffer
ca. 120 g Mehl
2 EL Rapsöl
1 EL Tomatenmark
300 ml trockener Rotwein
800 ml Rinderfond (Glas)
½ Bund glatte Petersilie
Abgeriebene Schale von ½ Bio-Zitrone
10 Wacholderbeeren
Alufolie

1 Backofen vorheizen (E-Herd: 180 Grad/Umluft: 160 Grad/Gas: s. Hersteller). Zwiebeln schälen und halbieren. Möhren waschen (kommen ungeschält und ganz in den Bräter). Knoblauch waagerecht halbieren, Sellerie schälen und grob in Stücke schneiden. Tomate waschen, halbieren. Rosmarin und Thymian waschen und gut trocken schütteln.

2 Fleisch mit Küchenpapier trocken tupfen. Rundherum mit Salz und Pfeffer würzen. Danach mit etwas Mehl einreiben. Öl in einer großen Pfanne erhitzen. Fleisch darin bei starker Hitze rundherum kräftig anbraten. Fleisch herausheben, in einen Bräter oder in die Fettpfanne des Backofens (tiefes Backblech) setzen.

3 Gemüse im Bratfett ca. 2 Minuten kräftig anbraten. Kräuter zugeben, kurz mitbraten. Gemüse zum Fleisch geben. Tomatenmark in der heißen Pfanne ca. 1 Minute anschwitzen. Mit Rotwein ablöschen, aufkochen und 3 – 4 Minuten köcheln. Danach über das Fleisch und das Gemüse geben. Rinderfond zugießen. Noch etwas Mehl über den Braten stäuben.

4 Braten im heißen Ofen ca. 10 Minuten schmoren. Braten mithilfe von zwei Esslöffeln wenden, mit Rest Mehl bestäuben und weitere ca. 10 Minuten schmoren. Fleisch erneut wenden. Die Oberfläche mit etwas Bratensoße übergießen. Deckel des Bräters schließen (Fettpfanne mit Alufolie abdecken) und ca. 3 Stunden im Ofen schmoren. Nach ca. 1 ½ Stunden Möhren, Sellerie und Zwiebeln herausnehmen (sollen nicht zu weich werden).

5 Ca. 20 Minuten vor Ende der Schmorzeit Gemüse wieder in den Ofen geben. Petersilie waschen, trocken schütteln, Blättchen abzupfen und fein hacken. Mit Zitronenschale und Wacholderbeeren in einen Mörser geben und fein zermahlen.

6 Braten nochmals mit Soße übergießen. Mit Gemüse aus dem Bräter nehmen. Bratenoberfläche mit Zitronen-Wacholder-Mix toppen. Bratensoße durch ein Sieb in ein Gefäß gießen. Braten mit Soße anrichten.

Dazu schmeckt ein cremiger Kartoffel-Wirsing-Stampf.

Geflügel

4

Tavuk bacagi dolmasi – Gefüllte Hähnchenschenkel

Ein Rezept für **4 Personen** von Havva Kurnaz

Zutaten

8 Hähnchenschenkel
125 ml Sonnenblumenöl
200 g Reis
230 g Champignons (entspricht 1 Dose Pilze)
2 mittelgroße Zwiebeln
2 EL Pinienkerne
1 EL Korinthen
Salz und Pfeffer
Zahnstocher
Backpapier
150 g Butter

1 Das Fleisch vorsichtig vom Knochen trennen. Das Öl in eine Pfanne geben und erhitzen. Die fein gewürfelten Zwiebeln anbraten, die Pinienkerne dazugeben und rosa werden lassen. Den gewaschenen und abgetropften Reis und die klein geschnittenen Pilze dazugeben und 5 Minuten unter Rühren anbraten. Ca. 150 ml heißes Wasser, die Korinthen, Pfeffer und Salz hinzugeben.

2 Bei geschlossenem Deckel auf kleiner Flamme so lange köcheln lassen, bis das Wasser komplett aufgesogen wurde. Die Pfanne von der Herdplatte nehmen und den Reis erkalten lassen.

3 Das Hähnchenfleisch mit Salz und Pfeffer würzen. Das Fleisch mit jeweils 2 EL Reis füllen, zurollen und mit einem Zahnstocher fixieren. Die Röllchen mit einem Flöckchen Butter jeweils in Backpapier einrollen und in dem auf 200 Grad vorgeheizten Backofen ca. 1 Stunde backen.

Überbackene Tortillas

Ein Rezept für **4 Personen** von Regina Krauledat

Zutaten

1 rote Paprikaschote, 4 Lauchzwiebeln, 1 Dose Gemüsemais, 1 Dose Kidneybohnen, 350 g Hähnchenbrustfilet, 2 EL Öl, 250 ml und weitere 4 EL Salsa-Soße, Salz, Pfeffer, 4 Tortillas, 125 g Schmand, 100 geriebener Gouda

Zubereitung

1. Paprika und Lauchzwiebeln putzen und waschen. Paprika in Würfel, Lauchzwiebeln in Ringe schneiden. Mais und Bohnen abtropfen lassen.

2. Fleisch waschen, trocken tupfen, würfeln und in heißem Öl anbraten. Paprika, Lauchzwiebeln – ein paar Ringe zur Seite legen zum Bestreuen – Mais und Bohnen zugeben und andünsten. 250 ml Salsa Soße dazugeben und würzen.

3. Tortillas erwärmen. Auf jede Tortilla in die Mitte einen Streifen der Hähnchen-Gemüse-Mischung geben, aufrollen und in eine Auflaufform legen. Schmand und 4 EL Salsa Soße verrühren, die Tortillas damit bestreichen und mit Käse bestreuen.

4. Im heißen Backofen bei 175 Grad ca. 20 Minuten backen. Zum Schluss die übrigen Lauchzwiebelringe darüber streuen und servieren.

Geflügel 4-6

Kartoffelauflauf mit Hähnchenflügeln

Ein Rezept für **4 Personen** von Astrid Herse

Zutaten

Für die Marinade:

200 ml Sahne
200 ml Wasser
1 EL Tomatenmark
5 EL Olivenöl
2 TL Salz
Oregano, Knoblauchpulver, Paprikapulver, Pfeffer

Für die Kartoffeln mit Hähnchenflügeln:

1,2 kg Kartoffeln
2 Zwiebeln, rot
1 Paprika, rot
3 Tomaten
600 g Hähnchenflügel
1 TL Salz zum Darüberstreuen

Zubereitung

1. Für die Marinade alle Zutaten vermischen und mit Salz würzen.

2. Kartoffeln und die Paprika in Stifte schneiden. Tomaten und Zwiebeln in Scheiben schneiden.

3. Eine große Auflaufform mit etwas Olivenöl einstreichen und die Kartoffeln darin verteilen. Darüber die Hähnchenflügel legen. Marinade darüber gießen und alles vermischen. Die Tomaten und Zwiebeln darauf verteilen.

4. Die Auflaufform mit Alufolie bedecken und bei 225° (Ober-/Unterhitze) für ca. 40 Minuten backen. Dann die Alufolie entfernen und die Paprikastifte dazugeben. Das Ganze noch mal 30 Minuten in den Backofen geben.

Fisch

4

Paniertes Matjesfilet mit Rosmarin-Kartoffeln und grünem Salat

Ein Rezept für **4 Personen** von Sabine Schreiber und Marion Faustmann

Zutaten

4 Matjes
Paniermehl
2 Eier
Mehl
Öl

für das Dressing:

1 frische Zitrone
1 Prise Paprikapulver (edelsüß)
1 Prise Salz/Pfeffer
0,5 TL Akazienhonig
6 EL Olivenöl
3 EL Schmand

für die Rosmarinkartoffeln:

500 g Kartoffeln
Rosmarin
Salz
Olivenöl

1 Panierte Matjes

Matjes in Mehl, Eiern und Paniermehl panieren, wie normale Schnitzel. Danach langsam in heißem Öl von beiden Seiten braten.

2 Dressing

Zutaten für das Dressing vermengen.

3 Rosmarinkartoffeln

1. Die Kartoffeln waschen und halbieren oder vierteln, wenn die Kartoffeln sehr groß sind.
2. Ein Backblech mit Öl bepinseln, Rosmarinnadeln und Salz auf das Blech geben.
3. Die Kartoffeln darauf geben und in Öl, Rosmarin und Salz schwenken.
4. Dann das Blech in den Ofen geben und die Kartoffeln bei 170 Grad ca. 1 Stunde backen.

Fleisch 4

Kasseler-Auflauf mit selbstgemachten Klößen

Ein Rezept für **4 Personen** von Irene Bohlen

Zutaten

Für den Auflauf:

600 g Kasseler (Lachs)
1 Zwiebel
200 g Speck
1 Dose Erbsen
1 Becher Sahne
1 EL Stärke
1 Ei
1 EL Butter
Reibekäse
3 EL Paniermehl

Für die Klöße:

1 kg Kartoffeln kochen
70 g Margarine
1 großes Ei
200 g Kartoffelmehl
1 Prise Muskat
½ TL Salz

Für den Kasseler Auflauf reicht die Hälfte der angegebenen Menge für Klöße!

Zubereitung

1. Kasseler in Streifen, Zwiebel und Speck in Würfel schneiden und in der Pfanne ausbraten. Zusammen in eine Auflaufform geben. Die Erbsen darauf verteilen.

2. Die Sahne mit der Stärke und dem Ei verrühren und über das Fleisch und die Erbsen geben.

3. Den Reibekäse und 3 EL Paniermehl mischen und darüber verteilen.

4. Das Ganze bei 200 Grad Ober-/Unterhitze für ca. 30 Minuten in den Ofen.

5. Für den Kloßteig alle Zutaten mit den gekochten, passierten Kartoffeln vermengen. Klöße formen und in kochendes, leicht gesalzenes Wasser ca. 20 Min sieden (nicht kochen!).

Fleisch 4

Hackfleischpfanne orientalisch

Ein Rezept für **4 Personen** von Sabine Schreiber

Zutaten

350 g Basmatireis
2 EL Öl
400 Rindergehacktes
Je 1 Prise Salz, Pfeffer, Cayennepfeffer, Zimt und Kreuzkümmel
1 Zwiebel
2 Knoblauchzehen
2 Zucchini
3 Karotten
5 Pfirsiche (Hälften aus der Dose)
100 ml Wasser
1 TL Gemüsebrühe (Instant)
etwas Joghurt (Natur)

Zubereitung

1. Zwiebeln und Knoblauch schälen und klein hacken. Karotten schälen und längs halbieren und in Scheiben schneiden. Zucchini waschen und in Würfel schneiden. Den Reis mit der doppelten Menge an Wasser in einen Topf geben und nach Packungsanweisung zubereiten.

2. Öl in einer Pfanne erhitzen und das Hackfleisch krümelig braten. Mit Salz, Kreuzkümmel, Cayennepfeffer und Zimt abschmecken.

3. Das Hackfleisch aus der Pfanne nehmen und warm stellen. Zwiebel und Knoblauch im Bratfett anschwitzen. Karotten und Zucchini dazugeben und anrösten. Nun die abgetropften Pfirsiche dazugeben. Das Wasser zugießen, die Gemüsebrühe einrühren und 5 Minuten köcheln lassen.

4. Einen Klecks Joghurt darauf und mit Reis servieren.

Puter mit selbstgemachten Klößen und Rotkohl

Ein Rezept für **4 Personen** von Irene Bohlen

Zutaten

1 Puter (ca. 4 kg)
2 große Äpfel
8 EL Öl
1 ½ TL Salz u. Pfeffer
1 TL Paprika

Für die Klöße

Siehe Rezept und Zubereitung S. 72

Für den Rotkohl

1 kg Rotkohl (Blaukraut)
50 g Schweineschmalz oder Gänse-schmalz
1 Zwiebel(n)
2 Äpfel
1 EL Zucker
2 EL Essig
1/4 Liter Wasser
Salz
1 Lorbeerblatt
2 Nelke(n)
2 TL Mehl, zum Binden

1 Puter

Den Puter gut abwaschen (innen und außen), trocknen und mit einer Mischung aus Öl den Gewürzen einpinseln (innen und außen). Die Äpfel vierteln und in den Hohlraum des Puters stecken. Backblech mit Backpapier auslegen. Darauf den Puter auf den Rücken legen, Beine zusammenbinden und komplett mit Alufolie abdecken – nicht einwickeln! Ca. 1,5 Std bei 180 Grad Umluft braten. Folie abnehmen und nochmals für ca. ½ Std in den Ofen, bis der Puter braun ist.

2 Klöße

Klöße nach Rezept Seite 72 zubereiten.

3 Rotkohl

Rotkohl putzen, waschen, Kopf vierteln, Strunk entfernen. Rotkohl hobeln oder fein schneiden. In heißem Fett gewürfelte Zwiebel, Zucker und fein geschnittene Äpfel andünsten, Rotkohl zugeben und sofort Essig darübergießen, damit es eine schöne Farbe erhält. 10 Minuten zugedeckt dünsten. 1/4 – 3/8 Liter Wasser aufgießen, Salz und Gewürze dazugeben. Zugedeckt ca. 30 – 45 Minuten weich dünsten. Bei Bedarf heißes Wasser aufgießen. Nach Belieben mit angerührtem Mehl binden.

Sie wissen, was den Kids schmeckt: die Hauswirtschafterinnen Christina Wiese (von links), Sabine Schreiber und Marion Faustmann.

DESSERTS

4

Ananas-Creme

Ein Rezept für **4 Personen** von Astrid Herse

Zutaten

3 Eier
70 g Zucker
Saft einer Zitrone
10 Blatt weiße Gelatine
3 EL heißes Wasser
250 g Joghurt
250 ml süße Sahne
1 Dose Ananas

1 Die Gelatine kalt einweichen und in 3 EL heißem Wasser auflösen.

2 Die Eier trennen. Das Eiweiß beiseite stellen. Das Eigelb in eine Schüssel geben, den Zucker und den Zitronensaft hinzufügen und durchschlagen. Die aufgelöste Gelatine unterschlagen, ab und zu umrühren und etwas stocken lassen.

3 Das Eiweiß zu Eischnee schlagen und mit dem Joghurt und der ebenfalls geschlagenen Sahne unter die erstarrende Gelatinemasse ziehen.

4 Die kleinen Ananasstücke unterheben und die Creme sofort portionsweise in Glasschalen füllen.

Vor dem Servieren noch eine Haube Schlagsahne aufspritzen.

Himbeer-Traum

Ein Rezept für **4-6 Personen** von Marion Faustmann

Zutaten: 100 ml Sahne, 500 g Magerquark, etwas Joghurt, Zucker, Zitronensaft, 50 g Baiser, 250 g gefrorene Himbeeren

Zubereitung: **1.** Sahne steif schlagen. Quark, Joghurt, Zucker und Zitronensaft mischen. Die Sahne unterheben. **2.** Baiser in einem Tiefkühlbeutel mit einem Nudelholz zerbröseln. **3.** Alles (Quarkmasse, Baiser und Himbeeren) abwechselnd so in eine Glasschüssel schichten, dass sich Baiser und Himbeeren nicht berühren.

Kinder-Tiramisu

Ein Rezept für **4-6 Personen** von Marion Faustmann

Zutaten: 100 g Löffelbiskuits, 3 EL Kakao, 200 ml Milch, 250 g Magerquark, 200 g Frischkäse, 2 EL Zucker, 2 EL Kakao

Zubereitung: **1.** Eine flache Auflaufform mit Biskuits auslegen. 3 EL Kakao in die Milch einrühren und die Löffelbiskuits damit tränken. **2.** Quark, Frischkäse und Zucker verrühren und über die Biskuits streichen. 2 EL Kakao darüber streuen. Das Ganze mindestens 10 Minuten im Kühlschrank ziehen lassen.

Wahlweise statt Quark und Frischkäse 500 g Mascarpone und 250 g Sahnequark nehmen.

4-6

Spaghetti-Eis-Dessert

Ein Rezept für **4-6 Personen** von Marion Faustmann

Zutaten: **500 g Mascarpone, 500 g Magerquark, 100 g Puderzucker, 2 Pck. Vanillezucker, 2 EL Zitronensaft, 2 Becher Sahne, 1 Beutel Erdbeeren (tiefgekühlt) großer Beutel, evtl. frische Beeren, Weiße Kuvertüre (geraspelt)**

Zubereitung: 1. Mascarpone mit Quark, Puderzucker, Zitronensaft und Vanillezucker verrühren. Sahne steif schlagen und unterheben. 2. Die Erdbeeren antauen, pürieren und mit Puderzucker nach Geschmack süßen. Dann über die Quark-Mascarponemasse geben. 3. Mit geraspelter Kuvertüre verzieren. Mindestens 2 Stunden kalt stellen.

8

Apfel-Crumble-Dessert

Ein Rezept für **8 Personen** von Regina Krauledat

Zutaten: **12 Äpfel, Zitronensaft, Zimt, 200 g Rosinen (oder nach Belieben), 220 g Mehl, 200 g Zucker, 180 g Butter, 200 g gem. Mandeln**

Zubereitung: 1. Äpfel schälen und in Spalten schneiden. Diese mit Zitronensaft beträufeln und nach Belieben mit Rosinen vermischen. Das Ganze in eine flache Auflaufform geben. 2. Aus Mehl, Zucker, Butter, Mandeln und Zimt einen krümeligen Teig zubereiten und über die Äpfel geben, so dass alles bedeckt ist. Das Ganze für 25 – 30 Minuten bei 200 Grad im Backofen backen. Kurz abkühlen lassen. 3. Mit Vanilleeis und Schlagsahne servieren.

Waldbeeren-Traum

Ein Rezept für **4 Personen** von Christina Wiese

Zutaten

200 g Baiser
500 g Waldbeeren (gefroren)
500 ml Schlagsahne

Zubereitung

1. Die Sahne ohne weitere Süße steif schlagen.

2. Die Hälfte vom Baiser grob in eine Glasschüssel krümeln. Darauf die Hälfte der gefrorenen Waldbeeren verteilen und mit der Hälfte der Schlagsahne abdecken.

3. Die verbliebene Hälfte der Zutaten wird ebenso geschichtet: Baiser, Waldbeeren, Sahne.

4. Nun muss das Ganze im Kühlschrank zwei Stunden durchziehen. Die Waldbeeren tauen im Kühlschrank langsam auf.

Schmeckt-nach-mehr-Dessert

Ein Rezept für **8 Personen** von Regina Krauledat

Zutaten

500 g Magerquark
600 ml Sahne
1 Zitrone
30 Löffelbiskuits
100 g gehackte Mandeln
120 g Zucker

Zubereitung

1. Sahne steif schlagen. Den Quark mit Zucker, Zitronensaft und Mandeln mischen und unter die Sahne rühren.

2. Die Creme im Wechsel mit zerbröselten Löffelbiskuits in eine Schüssel schichten. Die letzte Schicht sollten Löffelbiskuits sein.

Nokul – süße Teigware mit Walnussfüllung

Ein Rezept für **4 Personen** von Havva Kurnaz

Zutaten

Für den Teig:

500 g Weizenmehl
1 Eiweiß
2 EL Butter
2 EL Öl
1 EL Zucker
2 EL Naturjoghurt
1 Päckchen Backpulver
100 ml lauwarmes Wasser

Für die Füllung:

200 g grob gemahlene Walnüsse
100 g Zucker
100 ml Öl
50 g Rosinen

Zum Garnieren:

Sesam, Eigelb, 1 EL Milch

1 Öl, Eiweiß, zerlassene Butter, Zucker, Joghurt, Wasser und Backpulver in eine Schüssel geben und verquirlen. Das Mehl nach und nach dazugeben und zu einem geschmeidigen Teig verarbeiten. Bei einem zu lockeren Teig Mehl dazugeben und bei einem zu festen Teig Joghurt. Den Teig nun 10 min ruhen lassen und anschließend in zwei gleiche Portionen teilen.

2 Die Arbeitsfläche mit Mehl bestreuen und den Teig länglich 0,5 cm dick ausrollen. Den ausgerollten Teig mit Öl bestreichen, mit Walnuss, Rosinen und Zucker bestreuen. Den belegten Teig der Länge nach fest aufrollen. Ist die Rolle zu dick aufgerollt, kann man diese durch Langziehen verschmälern.

3 Die Teigrolle in jeweils zwei fingerbreite Stücke schneiden, mit der Eigelbmasse bestreichen und mit Sesam bestreuen. Auf dem Blech nochmals 10 min ruhen lassen und im vorgeheizten Backofen bei 180 Grad goldbraun backen.

Havva Kurnaz (Bild) hat in den vergangenen Jahren einige Türkisch-Kochkurse für die Hauswirtschafterinnen und andere interessierte Mitarbeiter der meracon gGmbH veranstaltet und wird diese Tradition hoffentlich noch viele Jahre fortsetzen. Neben ihrer Fachkompetenz hat ihre liebe und zugewandte Art immer für eine angenehme Atmosphäre gesorgt. Als Dank für diese Arbeit ist es für uns selbstverständlich und eine Freude, ihre Rezepte, die in unseren Gruppen gerne genutzt werden, in dieses Kochbuch einzubeziehen.

Schokopudding

Ein Rezept für **4 Personen** von Christina Wiese

Zutaten

40 g Stärke
3 EL Kakaopulver
½ l Milch
4 EL Zucker

Vor dem Servieren nach Belieben mit Sahne oder Früchten dekorieren.

Zubereitung

1. Die Stärke mit Kakaopulver in etwas Milch anrühren. Die restliche Milch mit dem Zucker aufkochen. Die glatt gerührte Kakaomasse hinzugeben.

2. Unter ständigem Rühren nochmals aufkochen und ca. 1 Minute kochen lassen.

3. Die Puddingmasse in die mit kaltem Wasser ausgespülte Form füllen. Nach dem Abkühlen bis zum Servieren für ca. 2 Stunden kaltstellen.

4

4

Schokokuss-Creme mit Mandarinen

Ein Rezept für **4 Personen** von Astrid Herse

Zutaten: 8 Schaumküsse, 200 g Schlagsahne, 250 g Magerquark, 1 Dose Mandarin-Orangen, 1 Pck. Oreo-Kekse

Zubereitung: 1. Schaumküsse von den Waffeln ablösen. 4 Waffeln beiseitelegen, übrige Waffeln anderweitig verwenden. Sahne steif schlagen, Quark und Schaumküsse verrühren. Dann die Sahne unterheben. **2.** Mandarinen in ein Sieb geben und abtropfen lassen. Kekse klein hacken. **3.** Kekse-Mandarinen-Creme in 4 Gläser füllen.

Milchreis-Kirsch-Auflauf

Ein Rezept für **4 Personen** von Marion Faustmann

Zutaten: 500 ml fettarme Milch, einige Tropfen Vanillearoma, einige Tropfen flüssiger Süßstoff, 200 g Milchreis (trocken), 150 g Kirschen (Konserve, ohne Zucker), 2 Eiweiß, 1 Prise Salz

Zubereitung: 1. Milch mit Vanillearoma und Süßstoff aufkochen, Reis einrühren und zugedeckt ca. 30 Minuten quellen lassen. **2.** Kirschen abtropfen lassen. Eiweiß mit Salz steif schlagen und unter den Reis heben. **3.** Die Hälfte vom Milchreis in eine flache Auflaufform geben. Kirschen und den restlichen Milchreis darüber verteilen. Milchreis-Kirsch-Auflauf im vorgeheizten Ofen bei 180° (Gas: Stufe 2) ca. 20 Minuten backen.

Himbeer-Quark mit Baiser

Ein Rezept für **4 Personen** von Christina Wiese

Zutaten

500 g Quark (Magerstufe)
500 g Sahne (geschlagen)
500 g Himbeeren (gefroren)
2 Pck. Baiser (weiß)
Zucker

Zubereitung

1. Quark mit Zucker nach Geschmack glatt rühren. Die steif geschlagenen Sahne mit dem Quark vermengen.

2. Die Baiser grob zerkrümeln und beiseite stellen.

3. Nun in einem großen Gefäß abwechselnd Quark, Himbeeren und zerkrümelte Baiser schichten, so dass es mindestens 2 Himbeerschichten gibt.

4. Mit Quark abschließen und das Dessert mindestens 2 - 3 Stunden kühl stellen.

4

Erdnuss-Bananen-Quarkspeise

Ein Rezept für **4 Personen** von Regina Krauledat

Zutaten

500 g Vanillequark
250 g Joghurt Natur
3-4 EL Erdnusscreme
2-3 EL Schokostreusel
4 Bananen
2 EL Erdnusskerne
3-4 EL Karamellsoße
3 EL Zitronensaft
2-3 EL flüssiger Honig

Zubereitung

1. Quark mit Joghurt, Erdnusscreme, Schokostreuseln, 1 EL Zitronensaft und Honig cremig rühren.

2. Bananen schälen, längs halbieren und mit dem übrigen Zitronensaft beträufeln.

3. Bananen nebeneinander in eine längliche Form legen. Quarkmasse darauf verteilen, glatt streichen.

4. Erdnüsse etwas klein hacken. Das Dessert mit Karamellsoße und Erdnüssen garnieren.

Unsere Hauswirtschafterinnen legen großen Wert auf gutes Essen – und auf tatkräftige Mithilfe bei den Vorbereitungen.

KUCHEN

Der Kranz schmeckt am besten, wenn er 1 bis 2 Tage vor dem Verzehr zubereitet wird.

Frankfurter Kranz

Ein Rezept von Marion Faustmann

Zutaten

Für den Teig:
300 g Mehl
100 g Speisestärke
2 TL Backpulver
200 g Zucker
1 Prise Salz
250 g Butter oder Margarine
6 Eier
1 EL Zitronensaft
2 EL Milch

Für die Füllung:
½ l Milch
100 g Zucker
1 Pck. Vanillinzucker
1 Prise Salz
30 g Kokosfett
1 Pck. Vanille-Puddingpulver
1 Eigelb
200 g Butter
50 g Puderzucker

Für Krokant:
30 g Butter
50 g Zucker
125 g gehackte Mandeln

Für die Garnitur:
1/8 l Sahne
20 Belegkirschen

1 Aus den angegebenen Zutaten einen Rührteig zubereiten.

2 Kranzform (Durchmesser: 26 cm) einfetten, Teig einfüllen und auf der unteren Einschubleiste bei 150 bis 170 Grad ca. 60-70 Minuten backen. Danach den Teig abkühlen lassen und der Länge nach 2 mal durchschneiden.

3 Für die Füllung Milch (etwas zum Anrühren des Puddings zurücklassen), Zucker, Vanillinzucker, Salz und Kokosfett ankochen. Puddingpulver mit Milch und Eigelb verquirlen, einrühren und in der Nachwärme fertig garen. Masse kalt stellen. Dabei öfter umrühren, damit sich keine Haut bildet.

4 Weiche Butter mit Puderzucker sahnig rühren, Puddingmasse löffelweise unterrühren.

5 Für den Krokant Butter, Zucker und Mandeln unter ständigem Rühren goldbraun rösten. Danach erkalten lassen.

6 Den Kranz mit der Hälfte der Buttercreme füllen und mit der anderen Hälfte außen bestreichen. Mit Krokant bestreuen.

7 Auf dem Kranz 20 Tortenstücke markieren und jedes Stück mit Sahnetupfen und Belegkirsche garnieren.

Blitz-Apfelkuchen

Ein Rezept von Christina Wiese

Zutaten: 60 g Butter, 100 g Zucker, 1 Pkg Vanillezucker, 4 Eier, abgerieb. Schale von ½ Zitrone oder 1 Pck. Citroback, 500 g Quark, 1 TL Backpulver, 100 g Mehl, 2 kg Äpfel, 1 TL Zimt, 100 g Zucker zum Bestreuen

Zubereitung: 1. Butter, Zucker und Vanillezucker schaumig schlagen. Nach und nach die Eier zugeben. Dann Zitronenschale, Quark und das mit dem Backpulver vermengte Mehl untermischen. **2.** Teig auf ein gefettetes Backblech streichen. **3.** Geschälte Äpfel vierteln und in Scheiben schneiden, auf den Teig legen, mit Zimt bestreuen. **4.** Im Backofen bei 200 Grad ca. 30 Minuten backen. Nach dem Backen sofort mit Zucker bestreuen.

Blitzkuchen

Ein Rezept von Irene Bohlen

Zutaten: 4 Eier, 2 Tassen Buttermilch, 3 Tassen Zucker, 4 Tassen Mehl, 1 Pkg. Backpulver, etwas Butter für Butterflocken, Kokosraspeln, Zucker zum Bestreuen

Zubereitung: 1. Alle Zutaten miteinander verrühren, den Teig auf dem Blech verteilen und für 20 Minuten bei 180 Grad in den Ofen. **2.** Den Kuchen kurz herausnehmen, Butterflocken, Kokosraspeln und Zucker darüber verteilen und nochmal für 5 Minuten in den Ofen.

Butterkuchen

Ein Rezept von Christina Wiese

Zutaten: Für den Teig: 1 Becher Sahne, 1 Becher Zucker, 3 Eier, 2 Becher Mehl, 1 Pkg. Backpulver. Für den Belag: 125 g Butter, 1 Becher Zucker, 150 g Mandeln, etwas Milch

Zubereitung: 1. Die Eier mit dem Zucker schaumig rühren, das mit dem Backpulver vermengte Mehl und die Sahne unterrühren. Die Masse auf ein Backblech streichen und bei 180 Grad 15 Minuten vorbacken. **2.** In der Zwischenzeit die Butter in einem Topf schmelzen, den Zucker zugeben und auflösen lassen. Dann die Mandeln dazu und etwas Milch. **3.** Diese Masse auf den vorgebackenen Teig geben und nochmals 10 bis 15 Minuten backen.

Butterwaffeln

Ein Rezept für **4-6 Personen** von Marion Faustmann

Zutaten: 4 Eier, 2 Tassen Buttermilch, 3 Tassen Zucker, 4 Tassen Mehl, 1 Pkg. Backpulver, etwas Butter für Butterflocken, Kokosraspeln, Zucker zum Bestreuen

Zubereitung: 1. Eigelb, Butter und Zucker schaumig rühren. Mehl und Milch abwechselnd untermischen. Eiweiß zu Schnee schlagen und unterheben. **2.** Waffeleisen einfetten und etwa 15 Waffeln aus dem Teig backen. **3.** Mit Puderzucker bestäuben.

Auch lecker mit Schlagsahne und/oder heißen Kirschen.

Beerentarte mit weißer Schokolade

Ein Rezept für **12 Stücke** von Astrid Herse

Zutaten

Fett und Mehl für die Form
300 g Mehl
200 g kalte Butter
75 g + 100 g Puderzucker
1 Pck Vanillezucker
Salz
Mehl für die Arbeitsfläche
120 g TK-Heidelbeeren
250 g Schmand
400 g Schlagsahne
200 g Vanillepudding (Kühlregal)
2 EL samtiger Heidelbeeraufstrich
50 g weiße Schokolade
rechteckige Tarteform mit Hebeboden (12 x 35 x 2 cm)
Frischhaltefolie
Backpapier
getrocknete Hülsenfrüchte zum Blindbacken (Erbsen, Bohnen etc.)

1 Für den Teig: Tarteform fetten und mit Mehl ausstäuben. Mehl, Butter in Stückchen, 75 g Puderzucker, Vanillezucker, 1 Prise Salz und 3 EL kaltes Wasser in eine Rührschüssel geben. Erst mit den Knethaken des Rührgerätes, dann mit den Händen zu einem glatten Teig verkneten. Teig zu einer Kugel formen und auf einer leicht bemehlten Arbeitsfläche rechteckig (ca. 15 x 38 cm) ausrollen. Teig vorsichtig in die Form heben, am Boden und an den Rändern leicht andrücken. Mit Frischhaltefolie abdecken, ca. 30 Minuten kalt stellen.

2 Backofen vorheizen (E-Herd: 200 Grad/Umluft: 180 Grad/Gas: s. Hersteller). Teigboden mehrmals mit einer Gabel einstechen und mit Backpapier auslegen. Boden vollständig mit Hülsenfrüchten bedecken und die Tarte im heißen Ofen auf der untersten Schiene ca. 10 Minuten blind backen. Danach Hülsenfrüchte samt Papier entfernen. Tarte nochmals 8-10 Minuten weiterbacken. Auf einem Küchengitter auskühlen lassen.

3 Für die Füllung Heidelbeeren in einer Schüssel auftauen lassen. Schmand und 100 g Puderzucker in einer Rührschüssel mit den Schneebesen des Rührgerätes ca. 5 Minuten cremig rühren (aber auch wirklich 5 Minuten!). Sahne in einem hohen Rührbecher steif schlagen. Erst Vanillepudding mit einem Teigschaber unter die Schmandcreme rühren, danach die Sahne portionsweise locker unterheben. Vanillecreme ca. 1 Stunde in den Kühlschrank stellen.

4 Aufstrich in einem Topf leicht erwärmen. Heidelbeeren unterrühren und Topf vom Herd nehmen. Vanillecreme auf die Tarte streichen. Heidelbeeren klecksartig darauf verteilen. Tarte erneut ca. 30 Minuten kalt stellen. Schokolade in feine Splitter hacken. Tarte mit Schokolade bestreuen und einfach genießen.

Omas Nusskuchen

Ein Rezept von Astrid Herse | Reicht für eine Guglhupf- oder 24er Springform

Zutaten

5 Eier
250 g Butter
250 g Zucker
250 g Mehl
200 g Mandeln oder Nüsse nach Wahl
1 Pck. Backpulver
1 Pck. Vanillezucker
1 kleine Tasse Milch
2 EL Rum
150 g Kuchenglasur (Schoko)
Schokoladenraspel nach Bedarf

1. Butter mit Zucker und Vanillezucker schaumig rühren. Die Eier hinzufügen und das Ganze schön schaumig schlagen.

2. Mehl mit Backpulver mischen und wechselweise mit der Schaummasse, Nüssen, Milch und Rum verrühren. Wer möchte, kann ein wenig geraspelte Schokolade in den Teig geben.

3. Den Ofen auf 200 Grad Ober-/Unterhitze vorheizen und ca. 60 min. backen.

4. Nach dem Backen auskühlen lassen und mit Schokoglasur überziehen.

Wenn man statt Mandeln Haselnüsse im Teig verwendet, kann man auch gut eine Haselnussglasur nehmen.

Zubereitungszeit: 30 min. | Ruhezeit: ca. 1 Stunde

Käsekuchen

Ein Rezept von Irene Bohlen

Zutaten: **250 g Margarine, 170 g Zucker, 3 Eier, 2 x Puddingpulver Vanille, 1 TL Backpulver, 1000 g Quark**

Zubereitung: **1.** Alle Zutaten miteinander verrühren und in eine gut gefettete Springform geben.
2. Backofen vorheizen: Umluft 170 Grad. Backzeit: ca. 60 Minuten.

Quarkbällchen

Ein Rezept von Sabine Schreiber

Zutaten: **500 g Mehl, 500 g Quark, ½ TL Salz, 250 g Zucker, 1 Pck. Backpulver, 1 Pck. Vanillezucker 4 Eier**

Zubereitung: **1.** Alle Zutaten zusammen mischen und zu kleinen Kugeln formen. Dann ins heiße Öl geben und bräunen.

Walnusstafeln

Ein Rezept für **4 Personen** von Christina Wiese

Zutaten: 200 g bittere Schokolade, 250 g Butter, 6 Eier, 200 g Zucker, 200 g gehackte Walnüsse oder Haselnüsse, 100 g Mehl, 1 TL Zimt, 200 g dunkle Kuchenglasur

Zubereitung: 1. Die Schokolade schmelzen und wieder etwas abkühlen lassen, Butter schaumig rühren, Eier trennen. 2. Eigelb, Zucker, Zimt und die geschmolzene Schokolade zur Butter geben. 3. Eiweiß steif schlagen und abwechselnd mit Mehl und Walnüssen unter die Schokoladenmasse heben. 4. Den Teig auf das gefettete Backblech geben und bei 175 Grad 25 Minuten backen. Nach dem Backen mit Kuchenglasur versehen.

Mohrenkopf-Torte

Ein Rezept von Irene Bohlen

Zutaten: 12 Mohrenköpfe, 500 g Quark, 300 ml Sahne, 2 EL Zucker, 1 Tortenboden

Zubereitung: 1. Den Waffelboden der Mohrenköpfe vorsichtig entfernen und zur Seite legen. Die Mohrenköpfe, den Quark und den Zucker verrühren. Die Sahne steif schlagen und unter die Quarkmasse heben. 2. Die Masse auf dem Tortenboden verteilen. 3. Die Waffeln halbieren und um den Rand der Torte stecken.

Polnische Liebe

Ein Rezept von Sabine Schreiber

Zutaten

1 l Milch 3,5 % Fett
2 Pck. Vanillepudding
250 g Butter
400 g Butterkekse
1 Dose Karamellcreme
1 Pck. Vanillezucker für die Schlagsahne
3 Becher Schlagsahne
Kakaopulver zum Bestreuen

1. Eine Schicht Butterkekse in eine Kastenform legen.

2. Vanillepudding nach Packungsanweisung zubereiten. 250 gr. Butter unterheben. Danach etwa 20 Minuten abkühlen lassen. Eine Schicht dieser Masse auf die Butterkekse in der Kastenform geben.

3. Nun wieder eine Schicht Butterkekse und darauf eine Schicht Karamellcreme geben. Wieder Butterkekse darauf.

4. Schlagsahne mit Vanillezucker steif schlagen und auf die oberste Butterkeksschicht geben. Zum Schluss mit Kakaopulver bestreuen. Nun noch ca. 2 Stunden im Kühlschrank kalt stellen.

Statt Kakaopulver kann man auch bunte Streusel oder etwas Ähnliches nehmen.

Erdbeerkuchen

Ein Rezept von Irene Bohlen

Zutaten

360 g Mehl
200 g Zucker
360 g Margarine
½ Tüte Backpulver
6 Eier

Zubereitung

1. Zutaten zusammenrühren.

2. Teig mit Umluft ca. 30 Min bei 160 Grad backen.

3. 3 Pck. Vanillepudding kochen, etwas abkühlen lassen und auf dem Boden verteilen.

4. 3 Schalen Erdbeeren waschen, trocknen und auf den Pudding geben. Mit 2 Tüten Tortenguss bestreichen.

Rüblikuchen vegan

Ein Rezept von Marion Faustmann

Zutaten

400 g Karotten
1 Zitrone
200 g Rohrzucker
200 ml Sonnenblumenöl
1 TL Zimt
1 Pckg. Backpulver
400 g Mehl (Vollkornmehl)
1 Pckg. Vanillezucker
Puderzucker
Fett für die Form

Zubereitung

1. Die Karotten fein raspeln und mit den restlichen Zutaten vermischen.

2. Den Teig in eine gefettete Springform füllen und bei 180 Grad 40 – 50 Minuten backen.

3. Nach dem Erkalten mit Puderzucker bestreuen.

Bananenkuchen mit Vanillecreme

Ein Rezept von Astrid Herse

Zutaten

Für den Teig:

3 Eier
250 g Zucker
1 Pck. Vanillezucker
300 g Bananen, püriert
250 ml Sahne
70 ml Öl
70 g Haselnüsse gerieben
300 g Mehl
1 Pck. Backpulver

Für den Belag:

125 g Margarine oder Butter, weich
1 Pck. Puddingpulver, Vanille
250 ml Milch
1 TL Rum
3 Bananen
1 Becher Kuchenglasur, Vollmilch
2 EL Zucker

1 1. Für den Teig: die Eier trennen, Dotter mit Zucker und Vanillezucker schaumig schlagen, anschließend die pürierten Bananen, die flüssige Sahne und das Öl dazugeben und verrühren. Nüsse, Mehl mit Backpulver hinzufügen. Das Eiklar fest schlagen und in den Teig einmengen. Den Backofen auf 200 Grad vorheizen und den Teig ca. 30 Min. auf der unteren Schiene backen.

2 Für den Belag: den Vanillepudding lt. Packungsangabe aber nur mit ¼ Liter Milch kochen, erkalten lassen. Inzwischen die weiche Margarine mit dem Rührgerät schlagen, Zucker und Rum beimengen und den erkalteten Pudding hinzufügen.

3 Bananenscheiben auf den erkalteten Kuchen auflegen und die Vanillecreme aufstreichen.

4 Kurz in den Kühlschrank stellen und anschließend mit der Schokoglasur verzieren.

Ohne Belag lässt sich der Kuchen gut einfrieren.

Apfelkuchen „Großmutters Art“

Ein Rezept von Regina Krauledat

Zutaten

500g Äpfel
350 g Mehl
5 Eier
250 g Butter
250 g Zucker
1 Pck. Backpulver
1 Tüte Vanillezucker
Puderzucker
1 Zitrone

Zubereitung

1. Die Äpfel schälen und in feine Stücke schneiden. Die Butter schaumig rühren. Eier, Zucker und Vanillezucker dazugeben und gut verrühren. Mehl und Backpulver mischen, sieben und unterrühren.

2. Die Apfelstücke unter den Teig heben.

3. Die Mischung auf ein gut gefettetes Backblech geben und bei 200 bis 220 Grad ca. 30 Minuten backen.

4. Puderzucker mit Zitronensaft zum Guss verrühren und auf dem heißen Kuchen verteilen.

Türkischer Schokoladenkuchen

Ein Rezept für **4-6 Personen** von Regina Krauledat

Zutaten

4 Eier
2 Becher Zucker
1 Becher Milch
1 Becher Sonnenblumenöl
1 Tüte Vanillezucker
3 EL Kakaopulver
1 Pck. Backpulver
2 Becher Mehl

Mengen immer im gleichen Glas oder Becher abmessen.

Zubereitung

1. Alle Zutaten außer dem Backpulver und dem Mehl verrühren. Ein Becher von diesem Teig abnehmen und beiseite stellen. (wird später der Schoko-Guss)

2. Das Mehl und das Backpulver dazugeben.

3. Den Teig in eine viereckige Auflaufform füllen. Ca. 45 Minuten bei 160 Grad backen.

4. Auf den noch heißen Kuchen den Guss gießen.

Amerikanische Brownies

Ein Rezept von Regina Krauledat | Ergibt ca. 16 Stück

Zutaten

500 g Zartbitter Schokolade
150 g Butter
5 Eier
1 Prise Salz
250 g Zucker
1 Tüte Vanillezucker
200 g Mehl
2 TL Backpulver
100 g Haselnusskerne
3 EL Schlagsahne
Fett und Mehl für die Form

1 300 g Schokolade grob hacken und mit Fett über einem warmen Wasserbad schmelzen. Abkühlen lassen. Eier, Salz, Zucker und Vanillezucker ca. 10 Minuten dick-cremig rühren. Die Eier-Zuckercreme unter die Schoko-Mischung rühren.

2 Mehl und Backpulver mischen, über die Schoko-Mischung sieben und unterrühren. Haselnüsse unterheben.

3 Teig in eine gefettete mit Mehl ausgestäubte ofenfeste Form geben und glatt streichen. Im vorgeheizten Backofen bei 150 Grad ca. 45 Minuten backen.

4 200 g Schokolade hacken und mit Sahne über einem warmen Wasserbad vorsichtig schmelzen. Als Guss auf den Kuchen streichen und abkühlen lassen.

Zitronenkuchen

Ein Rezept von Irene Bohlen

Zutaten

200 g Margarine, 250 g Puderzucker, 4 Eier, 125 g Mehl, 125 g Speisestärke, ½ TL Backpulver, 1 Fläschchen Zitronenaroma

Zubereitung

Alle Zutaten miteinander verrühren, in eine Kastenform geben und für ca. 1 Stunde bei 160 Grad Umluft in den Backofen.

Schmandkuchen

Ein Rezept von Marion Faustmann | Für ein Backblech

Zutaten

Für den Teig: **4 Tassen Mehl, 2 Tassen Zucker, 4 Eier, 1 Pck. Vanillezucker, 1 Tasse Öl, 1 Tasse Mineralwasser, 1 Prise Salz**

Für den Belag: **3 Becher Schmand, 2 Pck. Vanillezucker, 200 g Zucker, 200 g weiche Butter, 1 Pck. Cremepulver (Paradiescreme Vanille), 4 Dosen Mandarinen**

Zubereitung

1. Alle Zutaten für den Teig verrühren und 30 Minuten bei 160 Grad backen.

2. Alle Zutaten für den Belag verrühren. Die weiche Butter zuletzt.

3. Den Belag auf den vorgebackenen Boden geben und kalt stellen.

Blätterteig-Rosen

Ein Rezept für **4 Personen** von Sabine Schreiber

Zutaten

1 Rolle gekühlten Blätterteig
4 Äpfel
1 Zitrone
1 Ei
Nach Bedarf Marmelade (Pfirsich-Maracuja)

Zubereitung

1. Blätterteig in 6 Streifen schneiden. Marmelade in einem Schälchen mit Zitronensaft mischen und ca. 1 Minute in der Mikrowelle erwärmen. Danach die Marmelade auf die 6 Blätterteigstreifen verteilen.

2. Die Äpfel schälen, halbieren und in dünne Scheiben schneiden. Auch hier eine Schale mit Wasser und Zitronensaft mischen und die dünnen Apfelscheiben hineinlegen. Dann für ca. 2 Minuten in die Mikrowelle.

3. Nun die Apfelscheiben dicht nebeneinander auf die Blätterteigstreifen legen. Dann die Streifen zusammenrollen, so dass es wie eine Rose aussieht. Jetzt die Rosen in eine Muffinform stellen und mit Eigelb bestreichen.

4. Im vorgeheizten Backofen ca. 15 – 20 Minuten bei 175 Grad backen. Zum Schluss mit Zimt und Zucker bestreuen.

Obstkuchenboden

Ein Rezept für von Astrid Herse

Zutaten

3 Eier
3 EL Wasser
1 Prise Salz
150 g Zucker
2 P. Vanillezucker
150 g Mehl
1 TL Backpulver
Butter oder Margarine

Zubereitung

1. Eier trennen, Zucker und Vanillezucker mischen. Mehl mit Backpulver mischen, Obstkuchenform für den Biskuitteig einfetten. Eiweiß und Salz steif schlagen, Eigelb mit Wasser schaumig rühren.

2. Den Zucker mit Vanillezucker in die Eischaummasse löffelweise hinzugeben und weiter schaumig rühren, ca. 10 Minuten. Mehl-Backpulvergemisch langsam in die Eiermasse hineinsieben und weiterrühren.

3. Backofen auf 180 Grad (Umluft) vorheizen.

4. Den geschlagenen Eischaum mit einem Esslöffel vorsichtig in die Eimasse unterheben. Teig in die gefettete Obstkuchenform geben, ca. 20 Minuten auf mittlerer Schiene backen.

5. Biskuit auf dem Kuchengitter auskühlen lassen.

Die Fotografin

Sara Kazemi war viele Jahre als Mitarbeiterin für die meracon gGmbH tätig. Bereits während dieser Zeit wurden ihre vielfachen Talente auch außerhalb ihrer pädagogischen Fachkompetenz deutlich, welche immer wieder zum Tragen kamen. Wir möchten uns an dieser Stelle noch einmal für ihre Verbundenheit danken und für die gelungenen und Appetit machenden Fotos für diesen Bildband.

Die meracon gGmbH

Die meracon gGmbH wurde 2008 als Tochtergesellschaft der IFI Stiftung gegründet. Die Jungen- und Männerkriseninterventionsstelle Oldenburg und die Hilfestation Wilhelmshaven wurden von der IFI Jugendhilfe seinerzeit an die meracon abgegeben und waren somit die ersten Einrichtungsteile des neu gegründeten Freien Trägers der Jugendhilfe. In den vergangenen zehn Jahren hat die meracon eine erstaunliche Entwicklung vollzogen.

So unterhält die meracon gGmbH heute im Raum Wilhelmshaven, Oldenburg und Delmenhorst vier Hilfestationen, drei Jungen- und Männerkriseninterventionsstellen, eine Inobhutnahmestelle für Kleinstkinder, eine Inobhutnahmestelle für Kinder, eine Inobhutnahmestelle für Jugendliche, eine Kinder- und Jugendwohngruppe, eine Jungenwohngruppe, eine traumaspezifische Intensivgruppe für Kinder und Jugendliche, eine Förderstelle für Familien und deren Kinder und eine in Kooperation mit dem Land Niedersachsen entstandene anonyme Schutzeinrichtung für Mädchen im weiteren norddeutschen Umfeld. Mittlerweile werden etwa 120 Kinder und Jugendliche stationär und viele Familien, Kinder und Jugendliche, erwachsenen Einzelpersonen und Projekte ambulant betreut.

Dieses Wachstum wurde in erster Linie dadurch erreicht, dass die meracon gGmbH sich immer auch dadurch ausgezeichnet hat, mit Freude, Ausdauer und Fachlichkeit auch Verantwortung für Problemlagen und Menschen zu übernehmen, die den Pädagogen viel abverlangen. Hierzu gehört, sich schnell und pragmatisch anliegenden Aufgaben zu widmen. Voraussetzung hierfür ist ein zugewandtes, wertschätzendes und respektvolles Menschenbild. So gehen wir davon aus, dass auch Verhaltensweisen, die manchmal störend, grenzverletzend, selbst- oder fremdgefährdend, respektlos und befremdlich wirken, für die Menschen, die uns begegnen, einen Sinn machen oder machten und in der Regel nicht böse motiviert sind. Wir glauben daran, dass Menschen bei angemessener Förderung positive Entwicklung und Stabilität erlangen und Lebensfreude und Selbstwertgefühl entwickeln können.

Diese Haltung findet sich auch in unserem Leitbild wieder, welches gemeinsam mit der Mitarbeiterschaft entwickelt wurde. Zu dieser Haltung gehört das Prinzip der Partizipation, welches sich nicht nur in der pädagogischen und beraterischen Arbeit mit unseren Klienten wiederfindet, sondern auch im Bereich der Mitarbeiterführung und -fürsorge. So werden Mitarbeiter und Klienten in den unterschiedlichen Bereichen im Rahmen der Möglichkeiten an Entwicklungen und dazugehörigen Entscheidungen beteiligt und diese möglichst transparent gestaltet. Auch die Freude an der Arbeit wird durch gemeinsame Feiern und Aktivitäten und nicht zuletzt durch die Förderung von Aus- und Weiterbildung, die der Fachlichkeit in der meracon gGmbH zu Gute kommt und gleichzeitig auch die persönliche Entwicklung des einzelnen Mitarbeiters fördert, aktiv unterstützt.

Wir hoffen sehr, uns auch in den nächsten Jahren das positive Arbeitsklima und die Freude an der pädagogischen Arbeit mit den uns anvertrauten Kindern, Jugendlichen und Erwachsenen zu erhalten.